Impressum
Verlag: BABADADA GmbH, Nedderfeld 112 , 22529 Hamburg
Geschäftsführer / Verlagsleitung: Harald Hof
Druck: Books on Demand GmbH, In de Tarpen 42, 22848 Norderstedt

Imprint
Publisher: BABADADA GmbH, Nedderfeld 112 , 22529 Hamburg, Germany
Managing Director / Publishing direction: Harald Hof
Print: Books on Demand GmbH, In de Tarpen 42, 22848 Norderstedt, Germany

Schuel
школа

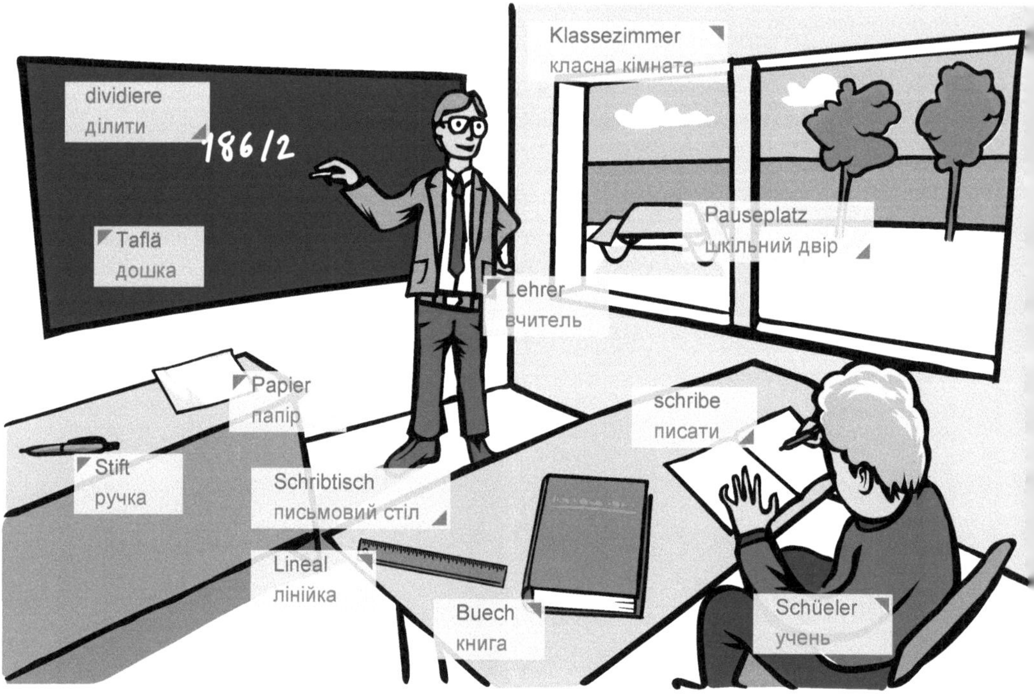

Klassezimmer
класна кімната
dividiere
ділити
186/2
Taflä
дошка
Pauseplatz
шкільний двір
Lehrer
вчитель
Papier
папір
schribe
писати
Stift
ручка
Schribtisch
письмовий стіл
Lineal
лінійка
Buech
книга
Schüeler
учень

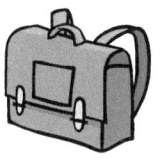

Thek
ранець

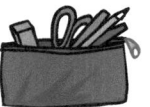

Etui
пенал

Bleistift
олівець

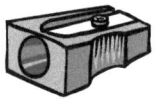

Spitzer
точило

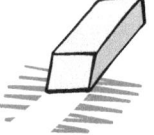

Radiergummi
гумка

Zeicheblock
альбом для малювання

Zeichnig

малюнок

Pinsel

пензель

Malchaschte

коробка фарб

Schär

ножиці

Liim

клей

Üebigsheft

зошит

Huusufgabe

домашнє завдання

12

Zahl

число

2+2

addiere

додавати

5-2

subtrahiere

віднімати

2×2

multipliziere

множити

rächne

рахувати

A

Buechstabe

літера

ABCDEFG
HIJKLMN
OPQRSTU
VWXYZ

Alphabet

абетка

hello

Wort

слово

Text

текст

läse

читати

Kriide

крейда

Lektion

година

Klassäbuech

класний журнал

Prüefig

екзамен

Zügnis

диплом

Schueluniform

шкільна форма

Usbildig

освіта

Enzyklopädie

лексикон

Universität

університет

Mikroskop

мікроскоп

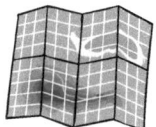

Charte

карта

Papierchorb

кошик для паперу

Hotel
готель

Grand

Härbärg
турбаза

ROOMS

Wächselstube
обмінний пункт

EXCHANGE

Koffer
валіза

Auto
автомобіль

Sprach
мова

jo / nei
так / ні

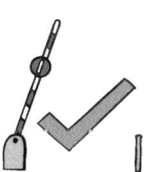

okay
добре

Hallo
привіт

Dolmetscher
перекладач

Dankä
дякую

Was chostet...?

Скільки коштує ...?

Ich vrstahs nöd

Я не розумію

Problem

проблема

Guete Abig!

Добрий вечір!

guete Morgä!

Доброго ранку!

guete Abig!

На добраніч!

Uf Wiederseh

До побачення

Richtig

напрямок

Bagaasch

багаж

Täsche

сумка

Rucksack

рюкзак

Gast

гість

Ruum

кімната

Schlafsack

спальний мішок

Zält

намет

Touristeninformation

туристична інформація

Strand

пляж

Kreditkarte

кредитна картка

Zmorge

сніданок

Zmittag

обід

Znacht

вечеря

Billet

квиток

Ufzug

ліфт

Briefmarke

поштова марка

Gränze

межа

Zoll

митниця

Botschaft

посольство

Visum

віза

Pass

паспорт

Transport
транспорт

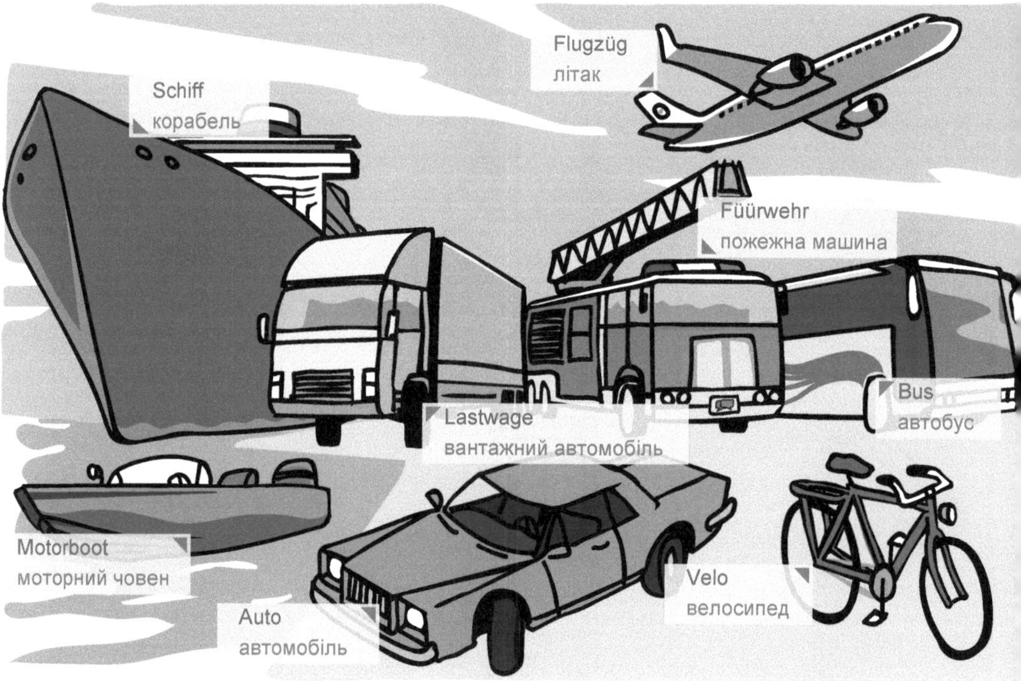
Flugzüg
літак
Schiff
корабель
Füürwehr
пожежна машина
Bus
автобус
Lastwage
вантажний автомобіль
Motorboot
моторний човен
Velo
велосипед
Auto
автомобіль

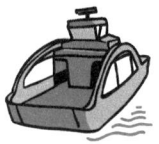

Fähri
....
пором

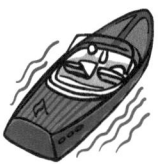

Boot
....
човен

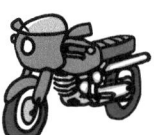

Töff
....
мотоцикл

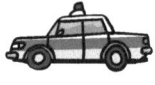

Polizeiauto
....
поліцейська машина

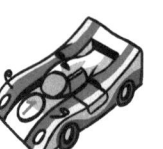

Rännauto
....
гоночний автомобіль

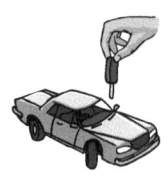

Mietwage
....
автомобіль на прокат

Carsharing

спільне користування авто

Abschleppwage

евакуатор

Chübelwage

сміттєвоз

Motor

двигун

Benzin

паливо

Tankstell

автозаправна станція

Verkehrsschild

дорожній знак

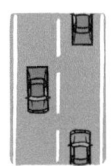

Verchehr

рух

Stau

затор

Parkplatz

стоянка

Bahnhof

вокзал

Schiene

рейки

Zug

потяг

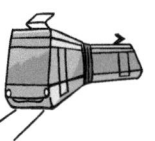

Strassebahn

трамвай

Wagon

вагон

Helikopter

гелікоптер

Flughafe

аеропорт

Tower

вежа

Passagier

пасажир

Container

контейнер

Karton

коробка

Chare

візок

Korb

кошик

starte / lande

стартувати / приземлятися

Stadt
місто

Dorf

село

Stadtzentrum

центр міста

Huus

дім

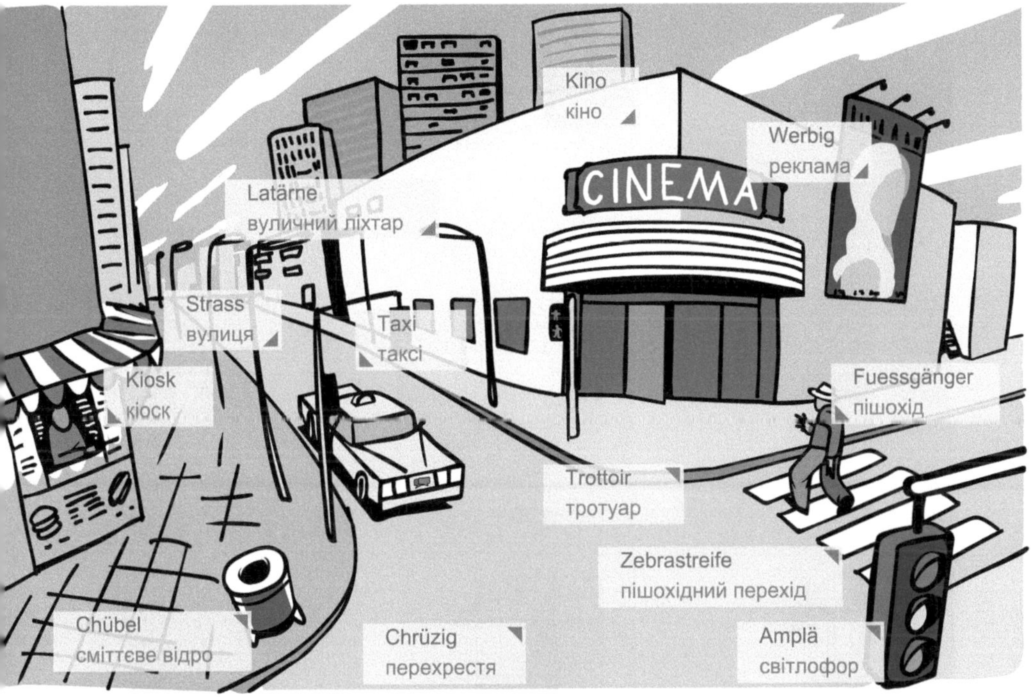

Kino
кіно

Werbig
реклама

Latärne
вуличний ліхтар

CINEMA

Strass
вулиця

Taxi
таксі

Fuessgänger
пішохід

Kiosk
кіоск

Trottoir
тротуар

Zebrastreife
пішохідний перехід

Chübel
сміттєве відро

Chrüzig
перехрестя

Amplä
світлофор

Hütte

хатина

Wohnig

квартира

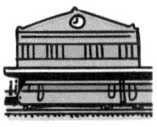

Bahnhof

вокзал

Gmeindshuus

ратуша

Museum

музей

Schuel

школа

Universität

університет

Bank

банк

Spital

лікарня

Hotel

готель

Apotheke

аптека

Büro

офіс

Buechgschäft

книжковий магазин

Gschäft

магазин

Bluemelade

квітковий магазин

Läbensmittellade

супермаркет

Märt

ринок

Chaufhuus

універмаг

Fischhändler

торговець рибою

Iihkaufszentrum

торговельний центр

Hafe

гавань

Park

парк

Bank

лава

Brugg

міст

Stäge

сходи

U-Bahn

метро

Tunnell

тунель

Bushaltestell

автобусна зупинка

Bar

бар

Restaurant

ресторан

Briefchastä

поштова скринька

Strasseschild

вулична табличка

Parkuhr

лічильник паркування

Zolli

зоопарк

Badi

басейн

Moschee

мечеть

Buurehof

ферма

Umwältvrschmutzig

забруднення
навколишнього
середовища

Fridhof

кладовище

Chile

церква

Spielplatz

дитячий майданчик

Tämpel

храм

Landschaft
ландшафт

Blatt
листок

Wägwiiser
вказівний стовп

Wäg
шлях

Wise
луг

Wanderer
мандрівник

Stei
камінь

Baum
дерево

Fluss
річка

Gras
трава

Bluamä
квітка

Tal

долина

Bärg

гора

See

озеро

Wald

ліс

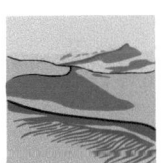

Wüeschti

пустеля

Vulkan

вулкан

Schloss

замок

Rägeboge

веселка

Pilz

гриб

Palme

пальма

Moskito

комар

Fliege

муха

Ameise

мурашка

Biendli

бджола

Spinne

павук

Chäfer

жук

Frosch

жаба

Eichhörnli

вивірка

Igel

їжак

Haas

заєць

Üle

сова

Vogu

птах

Schwan

лебідь

Wildschwein

кабан

Hirsch

олень

Elch

лось

Damm

гребля

Windturbine

вітряк

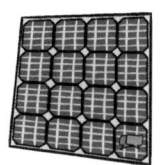

Sunnekollektor

сонячний модуль

Klima

клімат

Restaurant
ресторан

Chällner
офіціант
Spiischartä
меню
Stuehl
стілець
Suppä
суп
Pizza
піца
Bsteck
столові прилади
Tischdecki
скатертина

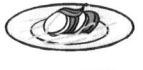

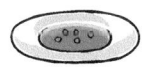

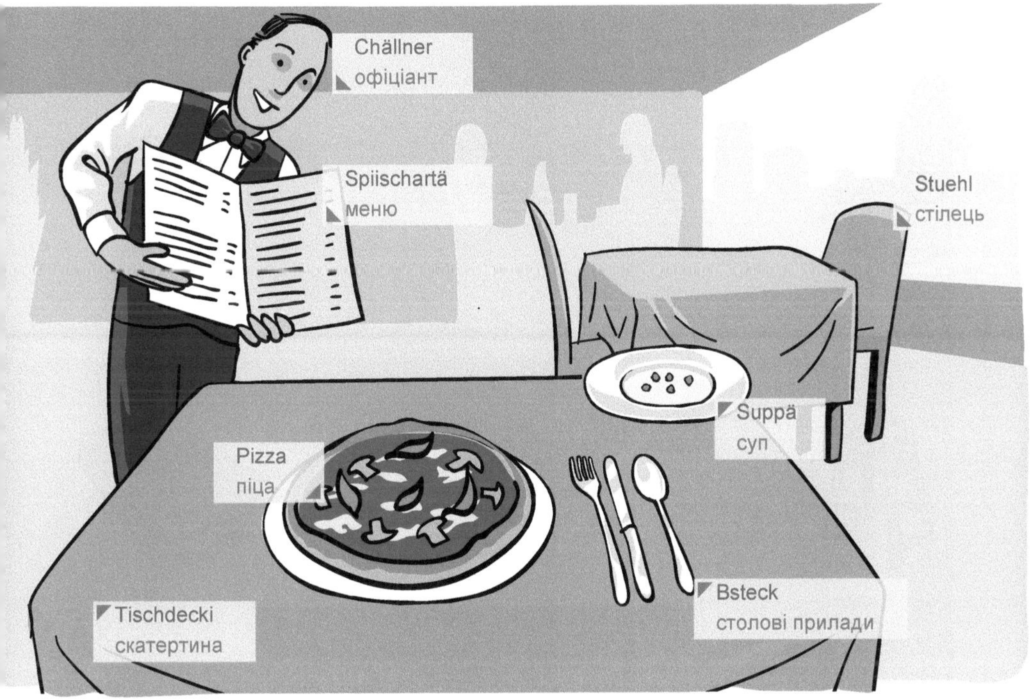

Vorspiies
закуска

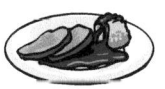

Hauptgricht
друга страва

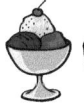

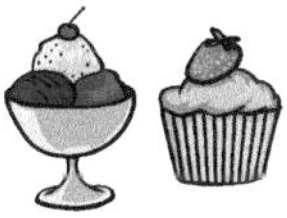

Dessert
десерт

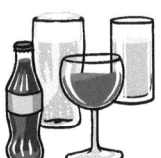

Geträn k
напої

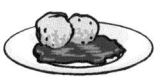

Läbensmittel
їжа

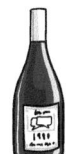

Fläsche
пляшка

Fast Food

фаст-фуд

Street Food

вулична їжа

Teechanne

чайник

Zuckerdosä

цукорниця

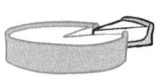

Portion

порція

Espressomaschine

еспресо-машина

Hochstuehl

високий стільчик

Rächnig

рахунок

Tablett

піднос

Mässer

ніж

Gable

вилка

Löffel

ложка

Teelöffel

чайна ложка

Serviette

серветка

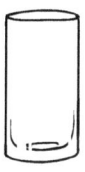

Glas

склянка

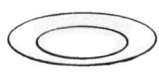

Täller

тарілка

Suppetällär

тарілка для супу

Untertasse

блюдце

Sose

соус

Salzstreuer

солонка

Pfäffermühli

млин для перцю

Essig

оцет

Öl

масло

Gwürz

спеції

Ketchup

кетчуп

Sänf

гірчиця

Mayonnaise

майонез

Läbensmittellade

супермаркет

Ahgebot
пропозиція
FOR
Chund
клієнт
Milchprodukt
молочні продукти
Frücht
фрукти
lichaufswage
візок для покупок

BUTCHERS

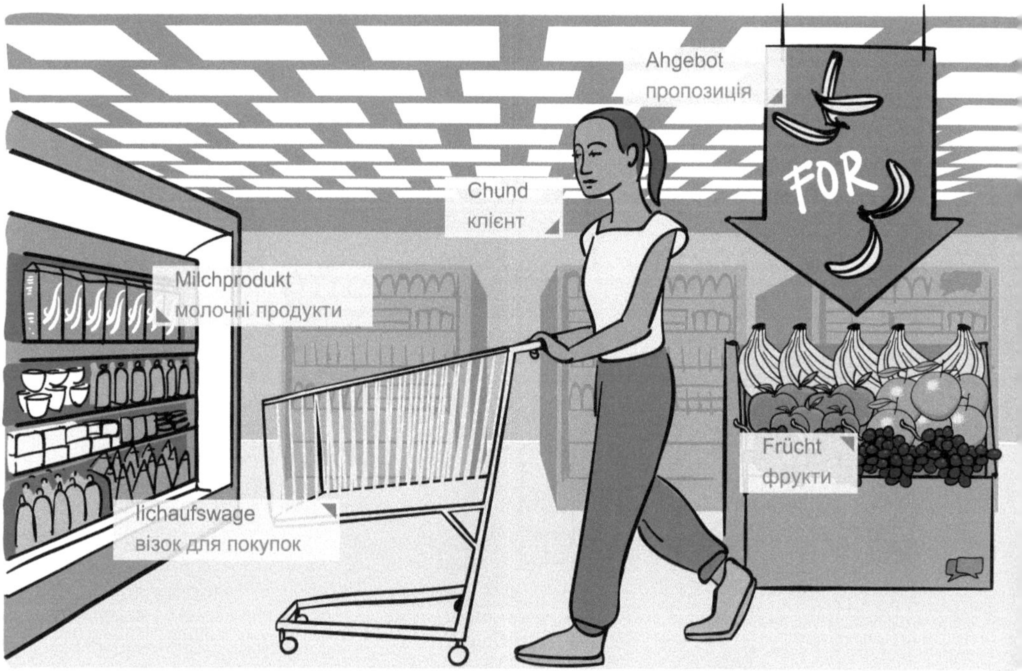

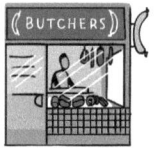

Schlachter

м'ясний магазин

BAKERY

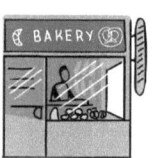

Beck

пекарня

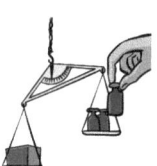

wiege

зважувати

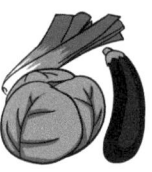

Gmües

овочі

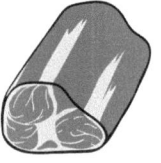

Fleisch

м'ясо

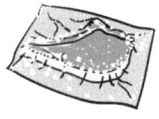

Tiefkühlprodukt

заморожені продукти

Ufschnitt

ковбасна нарізка

die Konsärve

консерви

Wöschmittel

пральний порошок

Süessigkeite

солодощі

Huushaltartikel

предмети домашнього побуту

Putzmittel

мийний засіб

Verchäuferin

продавщиця

Kassä

каса

Kassierer

касир

Ihchaufsliste

список покупок

Öffnigszite

часи роботи

das Portemonnaie

гаманець

Kreditkarte

кредитна картка

Täsche

сумка

Plastiksack

поліетиленовий пакет

Wasser

вода

Saft

сік

Milch

молоко

Cola

кола

Wii

вино

Bier

пиво

Alkohol

алкоголь

Ovi

какао

Tee

чай

Kafi

кава

Espresso

еспресо

Cappuccino

капучіно

Banane

банан

Öpfel

яблуко

Orange

апельсин

Melone

кавун

Zitrone

лимон

Rüebli

морква

Chnoobli

часник

Bambus

бамбук

Zwiblä

цибуля

Pilz

гриб

Nüss

горішки

Nudle

локшина

Spaghetti

спагеті

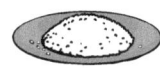

Riis

рис

Salat

салат

Pommfrit

картопля фрі

Bratherdöpfel

смажена картопля

Pizza

піца

Hamburgär

гамбургер

Sandwich

бутерброд

Gotlett

шніцель

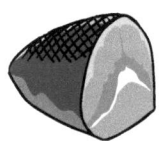

Schinkä

шинка

Salami

салямі

Würschtli

ковбаса

Huehn

курка

Bratä

печеня

Fisch

риба

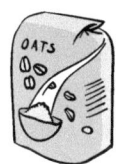

Haferflocke

вівсяні пластівці

Müesli

мюслі

Cornflakes

кукурудзяні пластівці

Mähl

борошно

Gipfeli

круасан

Brötli

булочка

Brot

хліб

Toscht

тостовий хліб

Guetzli

печиво

Butter

масло

Quark

сир

Chueche

пиріг

Ei

яйце

Spiegelei

яєчня

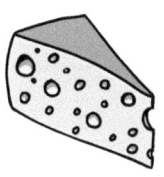

Chäs

сир

Glace

морозиво

Zucker

цукор

Honig

мед

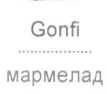

Gonfi

мармелад

Nougat-Creme

нуга-крем

Curry

карі

Buurehof
ферма

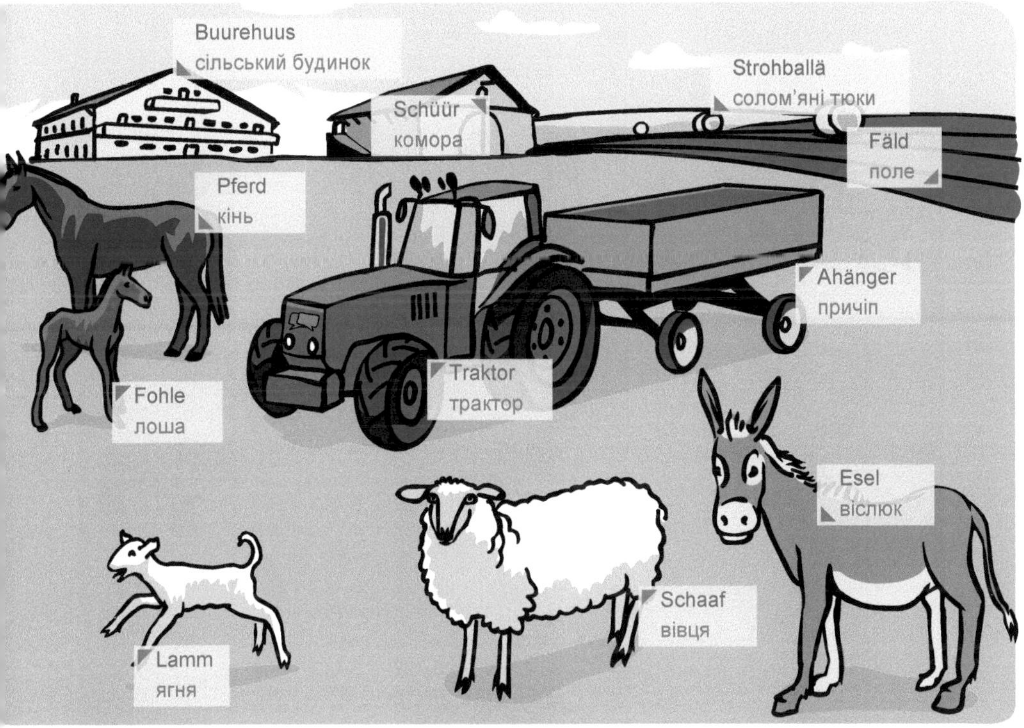

Buurehuus
сільський будинок
Schüür
комора
Strohballä
солом'яні тюки
Fäld
поле
Pferd
кінь
Ahänger
причіп
Traktor
трактор
Fohle
лоша
Esel
віслюк
Schaaf
вівця
Lamm
ягня

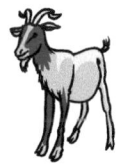

Geiss

коза

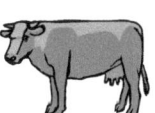

Chueh

корова

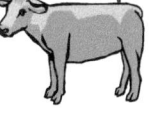

Chalb

теля

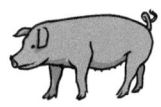

Sau

свиня

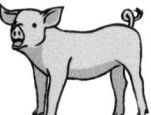

Ferkel

порося

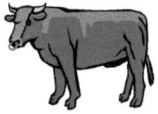

Rind

бик

Gans

гусак

Änte

качка

Küke

курча

Huähn

курка

Güggel

півень

Ratte

щур

Chatz

кіт

Muus

миша

Ochse

віл

Hund

собака

Hundehütte

собача будка

Garteschluuch

садовий шланг

Giesschanne

лійка

Sägese

коса

Pflueg

плуг

Sichel

серп

Hacke

мотика

Heugable

вила

Axt

сокира

Garette

тачка

Trog

корито

Milchchanne

бідон молока

Sack

мішок

Haag

паркан

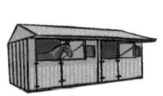

Gadä

хлів

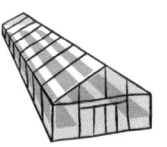

Gwächshuus

теплиця

Bode

ґрунт

Soome

насіння

Dünger

добриво

Mähdrescher

комбайн

ärnte

пожинати

Ärnte

урожай

Yamswurzle

корінь ямсу

Weize

пшениця

Soja

соя

Härdöpfel

картопля

Mais

кукурудза

Raps

ріпак

Obstbaum

плодове дерево

Maniok

маніок

Getreide

злаки

Huus
дім

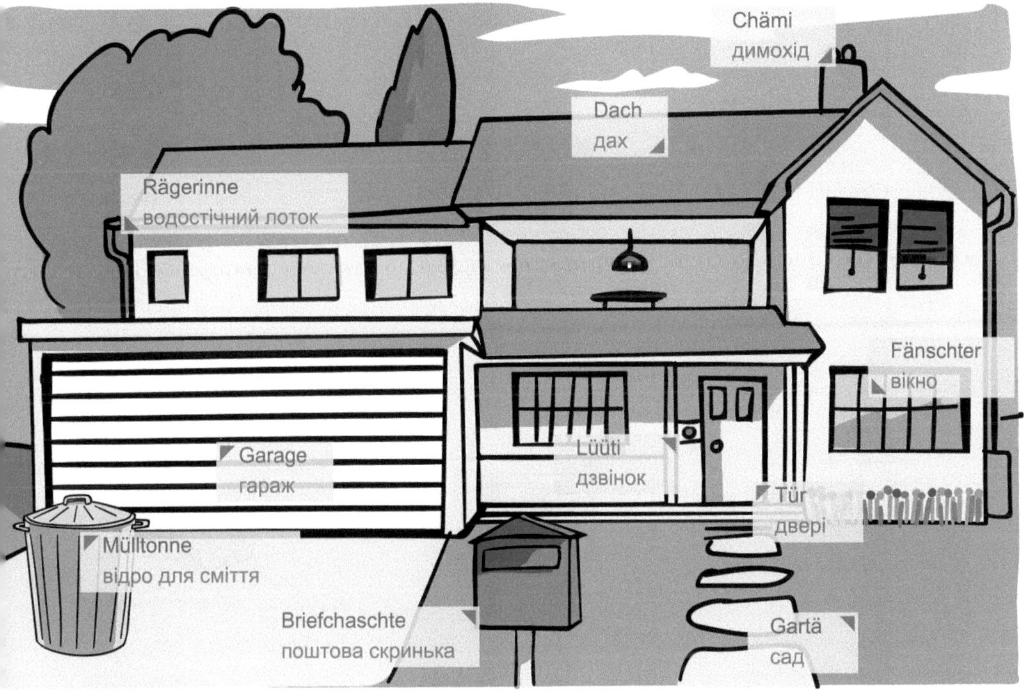
Chämi
димохід
Dach
дах
Rägerinne
водостічний лоток
Fänschter
вікно
Garage
гараж
Lüüti
дзвінок
Tür
двері
Mülltonne
відро для сміття
Briefchaschte
поштова скринька
Gartä
сад

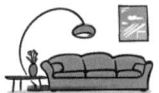

Stubä
вітальня

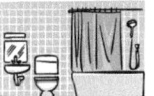

Badzimmer
ванна кімната

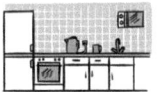

Chuchi
кухня

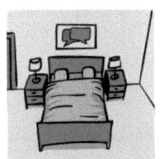

Schlofzimmer
спальня

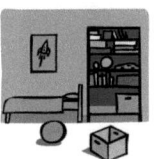

Chinderzimmer
дитяча кімната

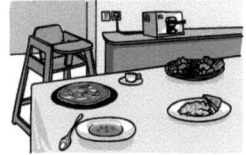

Ässzimmer
їдальня

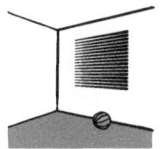

Bodä

підлога

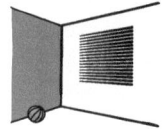

Wand

стіна

Decki

стеля

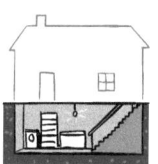

Chäller

підвал

Sauna

сауна

Balkon

балкон

Terasse

тераса

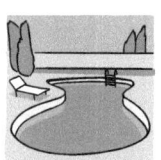

Pool

басейн

Rasemäier

косарка

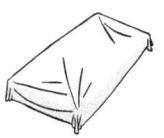

Bettbezug

простирало

Bettdecki

ковдра

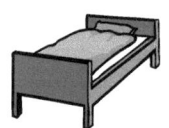

Bett

ліжко

Bäse

мітла

Chübel

відро

Schalter

перемикач

Stubä

вітальня

Tapete
шпалери
Bild
малюнок
Lampä
лампа
Regal
поличка
Schrank
шафа
Färnseh
телевізор
Kamin
камін
Bluamä
квітка
Chüssi
подушка
Sofa
диван
Vasä
ваза
Färnbedienig
пульт

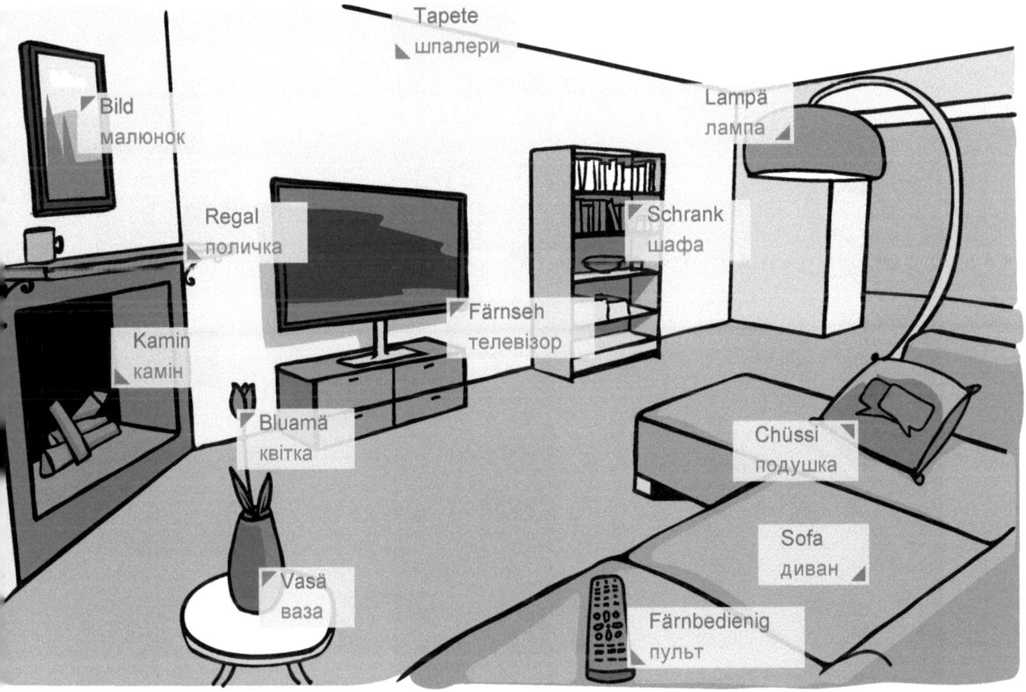

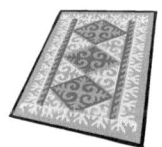

Teppich

килим

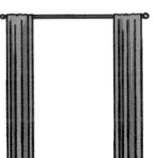

Vorhang

завіса

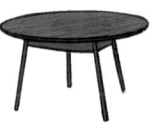

Tisch

стіл

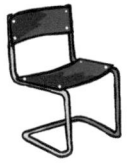

Stuehl

стілець

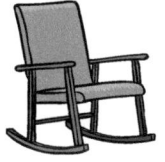

Schaukelstuehl

крісло-гойдалка

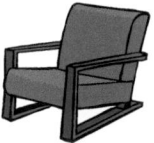

Sässel

крісло

Buech

книга

Decki

ковдра

Dekoration

прикраса

Füürholz

дрова

Film

фільм

Stereoahlag

стереосистема

Schlüssel

ключ

Ziitig

газета

Bild

картина

Poster

плакат

Radio

радіо

Notizblock

блокнот

Staubsuuger

пилосос

Kaktus

кактус

Chärze

свічка

Chuchi

кухня

Chüelschrank
холодильник
Mikrowällä
мікрохвильова піч
Chuchiwaag
кухонні ваги
Toaster
тостер
Wöschmittel
мийний засіб
Ofä
піч
Gfrierfach
морозильне відділення
Müllтonne
відро для сміття
Gschirrspüeler
посудомийна машина

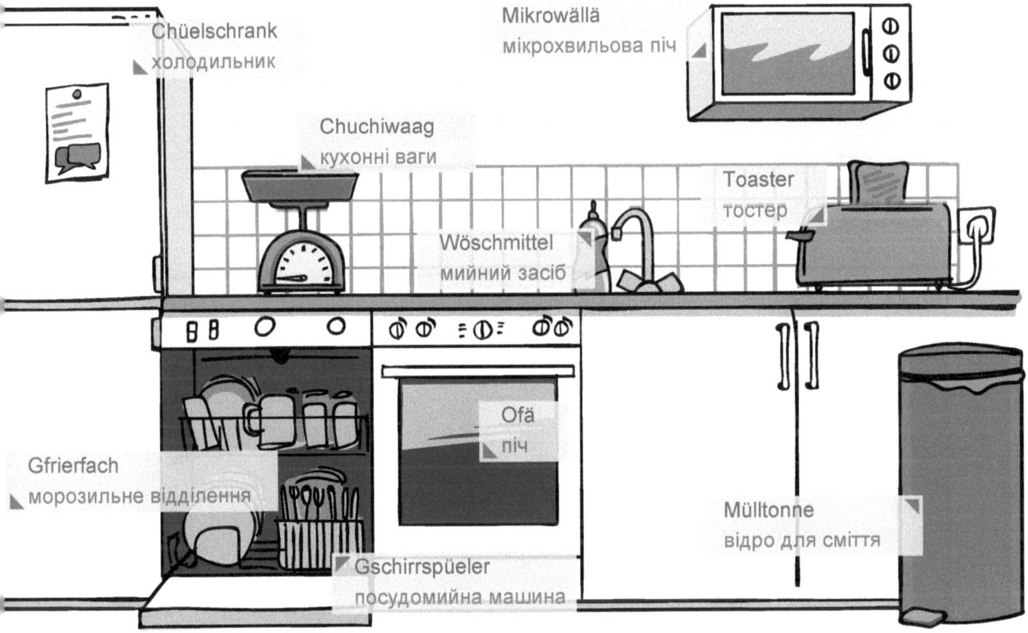

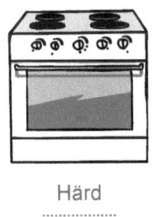

Härd
....
плита

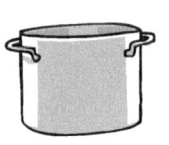

Topf
....
горщик

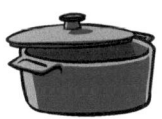

Iisetopf
....
чавунний горщик

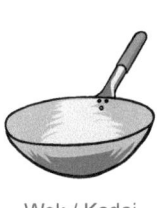

Wok / Kadai
....
вок / кадай

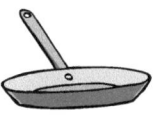

Pfanne
....
сковорода

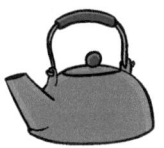

Wasserchocher
....
чайник

Dampfer

пароварка

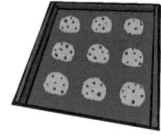

Bachbläch

лист

Gschirr

посуд

Bächer

кухоль

Schale

чаша

Stäbli

палички для їжі

Suppechellä

черпак

Pfannewänder

лопатка

Schneebäse

вінчик для збивання

Sieb

сито

Sieb

сито

Raffle

терка

Mörser

ступка

Grill

барбекю

Füürstell

багаття

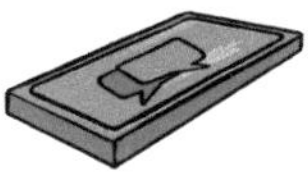

Schniidbrätt

....

дошка

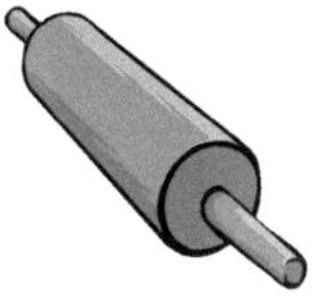

Nudelholz

....

качалка

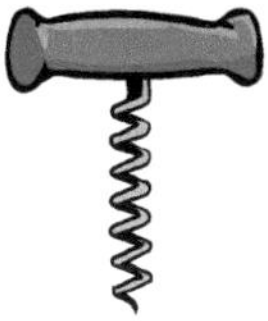

Korkäzieher

....

штопор

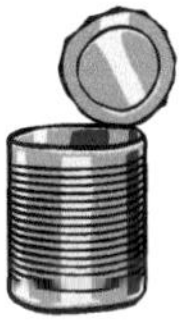

Dosä

....

консерва

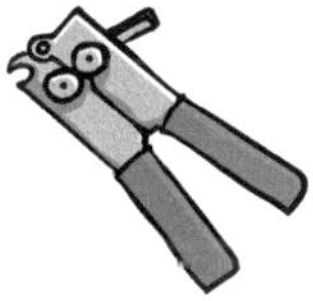

Dosäöffner

....

відкривачка

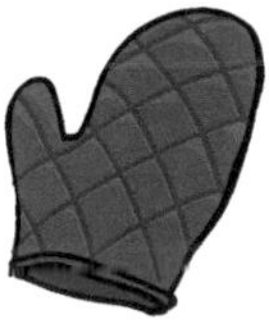

Topflappä

....

прихватки

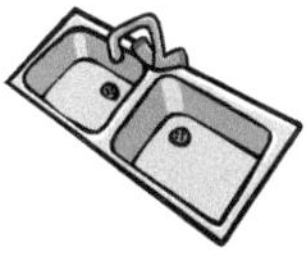

Wöschbecki

....

раковина

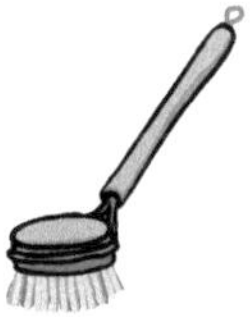

Bürste

....

щітка

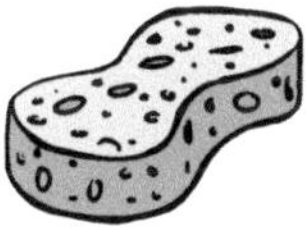

Schwumm

....

губка

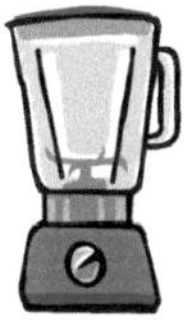

Mixer

....

міксер

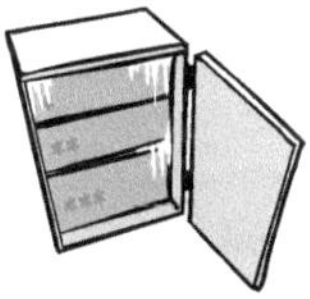

Gfrierschrank

....

морозильна камера

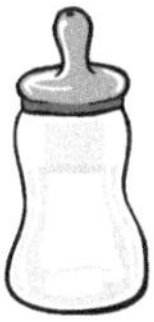

Babyfläschli

....

дитяча пляшка

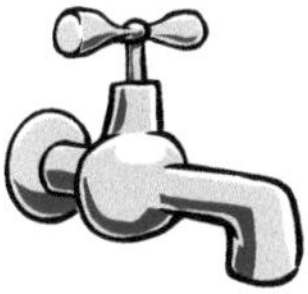

Hahnä

....

кран

Badzimmer

ванна кімната

Heizig
опалення
Handtuech
рушник
Duschi
душ
Duschvorhang
душова завіса
Schumbad
шниста ванна
Badwanne
ванна
Glas
склянка
Wöschmaschine
пральна машина
Hahnä
кран
Fliesä
плитка
Töpfli
горщок
Wöschbecki
раковина

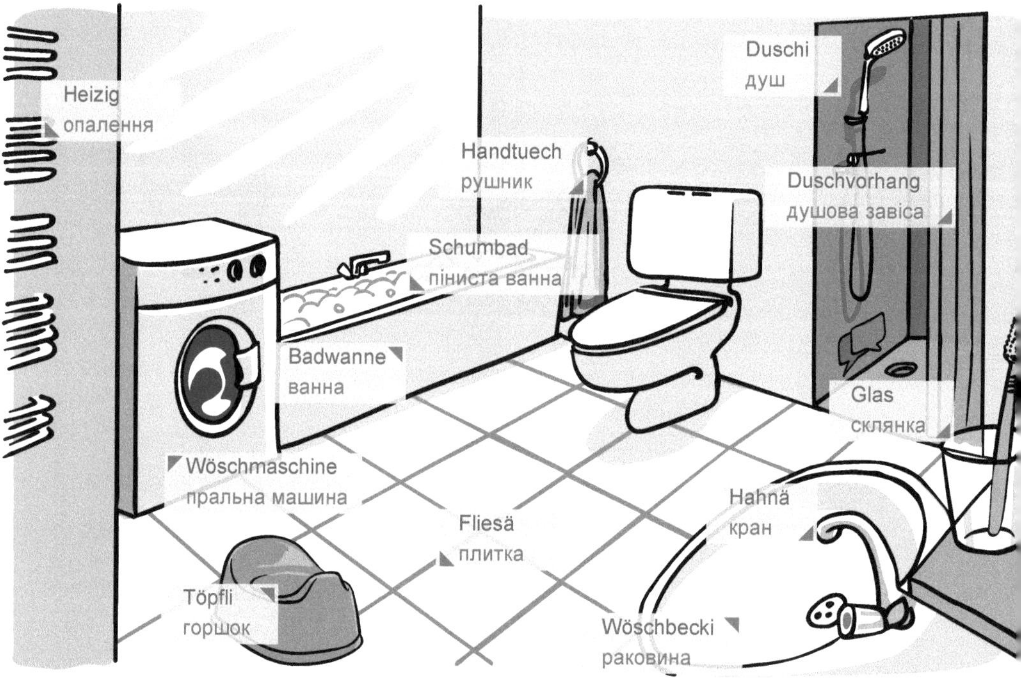

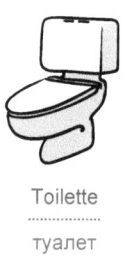

Toilette
туалет

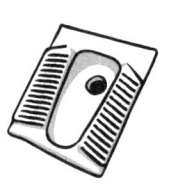

Plumpsklo
підлоговий туалет

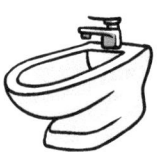

Bidet
біде

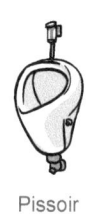

Pissoir
пісуар

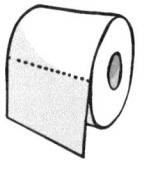

Toilettepapier
туалетний папір

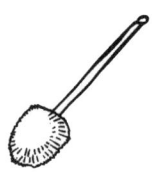

Toilettebürschteli
щітка для туалету

Zahbürstä

зубна щітка

Zahpasta

зубна паста

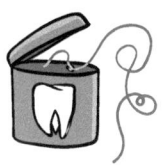

Zahnsiide

нитка для чищення зубів

wäsche

мити

Handduschi

ручний душ

Intiimduschi

інтимний душ

Wöschbecki

таз

Ruggäbürste

щітка для спини

Seifä

мило

Duschgel

гель для душу

Shampoo

шампунь

Waschlappä

мочалка

Abfluss

водостік

Creme

крем

Deo

дезодорант

Spiegel

дзеркало

Handspiegel

косметичне дзеркало

Rasierer

бритва

Rasierschuum

піна для гоління

Aftershave

лосьйон після гоління

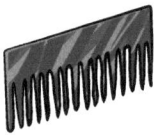

Schträäl

гребінь

Bürstä

щітка

Föhn

фен

Hoorspray

лак для волосся

Makeup

косметика

Lippestift

губна помада

Nagellack

лак для нігтів

Wattä

вата

Nagelscher

ножиці для нігтів

Parfum

парфум

Necessaire

косметичка

Schemel

табурет

Waag

ваги

Badmantel

халат

Gummihändscheh

гумові рукавички

Tampon

тампон

Damebinde

гігієнічні прокладки

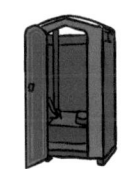

chemischi Toilette

біотуалет

Chinderzimmer

дитяча кімната

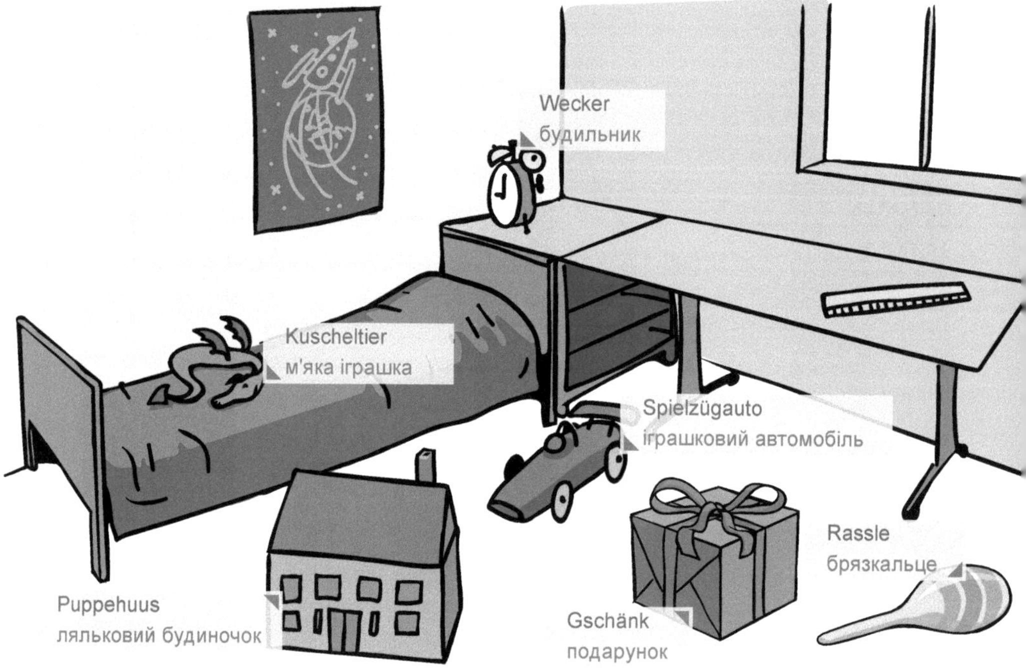
Wecker
будильник
Kuscheltier
м'яка іграшка
Spielzügauto
іграшковий автомобіль
Rassle
брязкальце
Puppehuus
ляльковий будиночок
Gschänk
подарунок

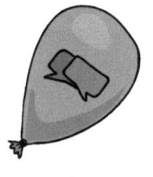

Ballon

повітряна кулька

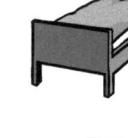

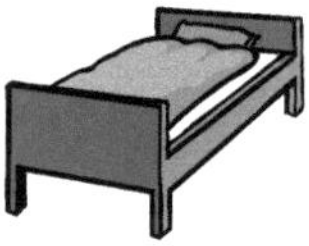

Bett

ліжко

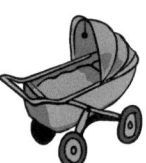

Chinderwage

дитячий візок

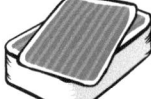

Chartespiel

картярська гра

Puzzle

пазл

SUPER
MEGA

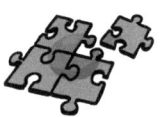

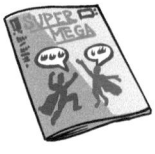

Comic

комікс

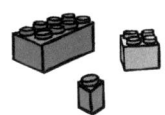

Legos

лего цеглинки

Baustei

блоки

Action Figur

іграшкова фігурка

Strampli

повзунки

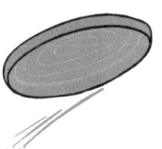

Frisbee

фризбі

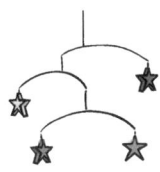

Mobile

мобіле

Brättspiel

настільна гра

Würfäl

кубик

Modellisebahn

модель залізнична станція

Nuggi

соска

Party

вечірка

Bilderbuch

книжка з картинками

Ball

м'яч

Puppä

лялька

spiele

грати

Sandchaschte

пісочниця

Gigampfi

гойдалка

Spielzüg

іграшка

Videospielkonsole

гральна консоль

Dreirad

триколісний велосипед

Teddy

плюшевий мішка

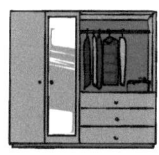

Chleiderschrank

шафа

Chleidig

одяг

Sockä

шкарпетки

Strümpf

панчохи

Strumpfhosä

колготки

Schal
шарф

Gürtel
ремінь

Rägeschirm
парасоля

T-Shirt
футболка

Turnschueh
кросівки

Stiefel
чоботи

Badschlappe
домашнє взуття

Sandalä
....
сандалі

Schueh
....
взуття

Gummistiefel
....
гумові чоботи

Untrhosä
....
труси

BH
....
бюстгальтер

Underlibli
....
нижня сорочка

Body

боді

Hosä

штани

Jeans

джинси

Rock

спідниця

Bluse

блузка

Hömli

сорочка

Pulli

пуловер

Kapuzepulli

светр

Blazer

піджак

Jacke

куртка

Mantel

пальто

Rägämantel

дощовик

Chostüm

костюм

Chleid

сукня

Hochziitskleid

весільна сукня

Ahzug

костюм

Nachthömli

нічна сорочка

Pyjama

піжама

Sari

сарі

Chopftuäch

головна хустка

Turban

чалма

Burka

бурка

Kaftan

кафтан

Abaya

абая

Badchleid

купальник

Badhose

плавки

churzi Hosä

шорти

Trainer

тренувальний костюм

Schürze

фартух

Händsche

рукавички

Chnopf

гудзик

Brüllä

окуляри

Armband

браслет

Chetti

ланцюг

Ring

кільце

Ohrering

сережка

Chappe

шапка

Chleiderbügel

плічка

Huet

капелюх

Grawattä

краватка

Riissverschluss

застібка-блискавка

Helm

шолом

Hosäträger

підтяжки

Schueluniform

шкільна форма

Uniform

уніформа

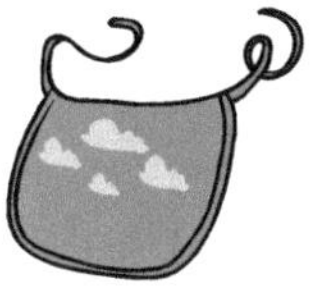

Lätzli

нагрудник

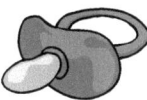

Nuggi

соска

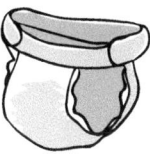

Windle

підгузок

Büro
офіс

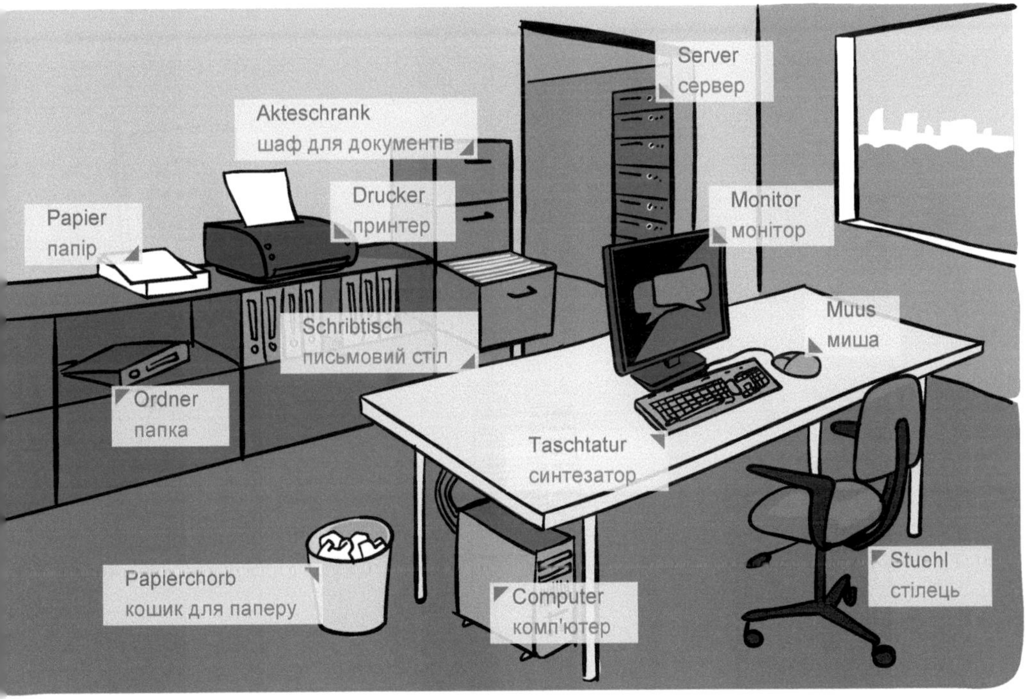
Server
сервер
Akteschrank
шаф для документів
Papier
папір
Drucker
принтер
Monitor
монітор
Muus
миша
Schribtisch
письмовий стіл
Ordner
папка
Taschtatur
синтезатор
Papierchorb
кошик для паперу
Computer
комп'ютер
Stuehl
стілець

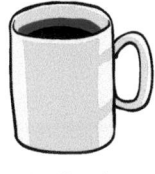

Kafibächer

кавовий кухоль

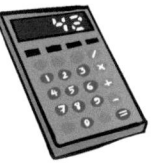

Tascherächner

калькулятор

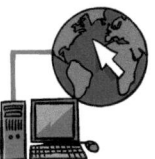

Internet

інтернет

Laptop

ноутбук

Brief

лист

Nochricht

повідомлення

Mobiltelefon

мобільний телефон

Netzwärk

мережа

Kopierer

копіювальний пристрій

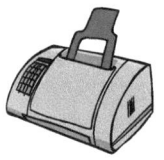

Software

програмне забезпечення

Telefon

телефон

Steckdosä

розетка

Fax

факс

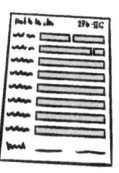

Formular

бланк

Dokumänt

документ

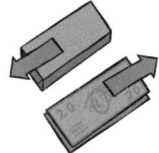

chaufe

купувати

zahle

платити

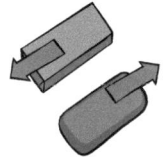

handle

торгувати

Gäld

гроші

Dollar

долар

Euro

євро

Yen

ієна

Rubel

рубль

Frankä

франк

Renminbi Yuan

юанів женьміньбі

Rupie

рупія

Gäldautomat

банкомат

Wächselstube

обмінний пункт

Gold

золото

Silber

срібло

Öl

нафта

Energie

енергія

Priis

ціна

Vertrag

контракт

Stüür

податок

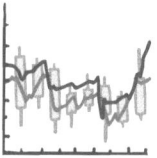

Aktie

акція

schaffe

працювати

Mitarbeiter

працівник

Arbeitgeber

роботодавець

Fabrik

фабрика

Gschäft

магазин

Brüef
професії

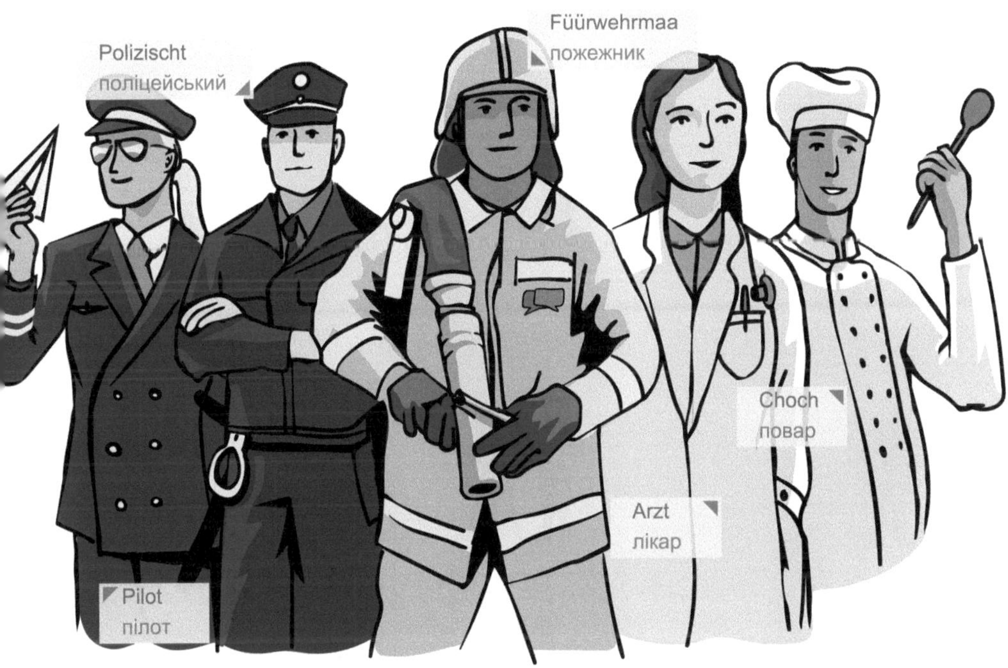
Polizischt
поліцейський
Füürwehrmaa
пожежник
Choch
повар
Arzt
лікар
Pilot
пілот

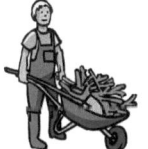

Gärtner

садівник

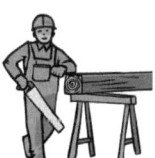

Zimmermah

столяр

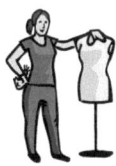

Näheri

швачка

Richter

суддя

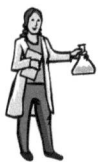

Chemiker

хімік

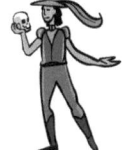

Darsteller

актор

Busfahrer

водій автобуса

Taxifahrer

таксист

Fischer

рибалка

Putzfrau

прибиральниця

Dachdecker

покрівельник

Chällner

офіціант

Jäger

мисливець

Moler

художник

Bäcker

пекар

Elektriker

електрик

Bauarbeiter

будівельник

Ingenieur

інженер

Schlachter

забійник

Klämpner

бляхар

Pöschtler

листоноша

Soldat

солдат

Architekt

архітектор

Kassierer

касир

Florischt

флорист

Frisör

перукар

Kontrolleur

кондуктор

Mechaniker

механік

Kapitän

капітан

Zahnarzt

дантист

Wüsseschaftler

вчений

Rabbi

рабин

Imam

імам

Mönch

монах

Pfarrer

пастор

Werkzüüg
інструменти

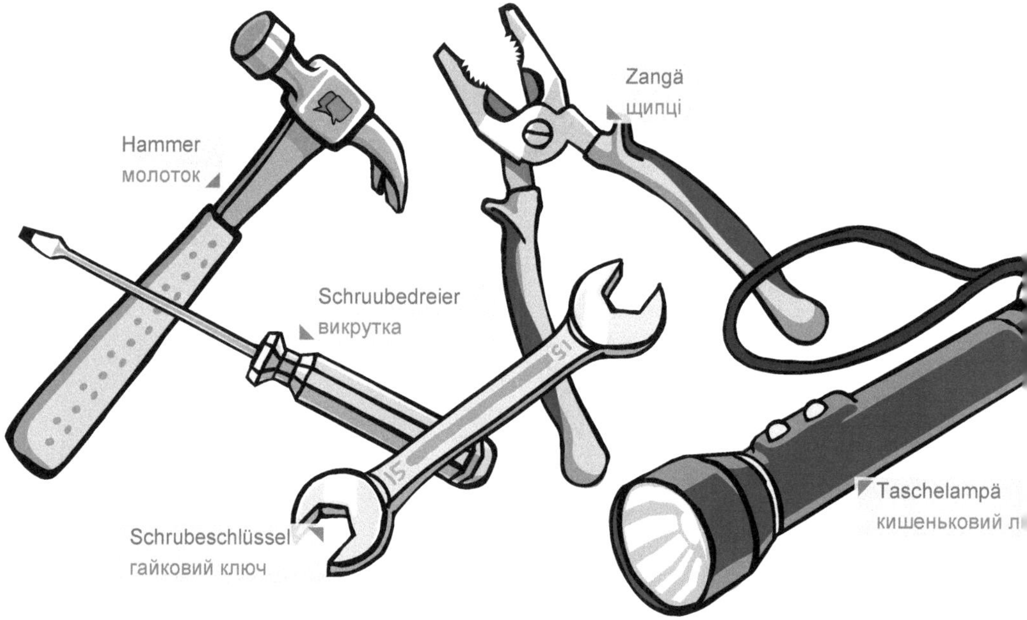
Hammer
молоток
Zangä
щипці
Schruubedreier
викрутка
Schrubeschlüssel
гайковий ключ
Taschelampä
кишеньковий л

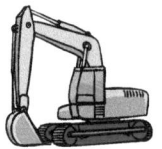

Bagger

екскаватор

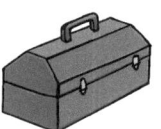

Werkzüügchaschte

ящик для інструментів

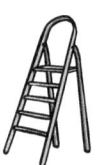

Leitere

драбина

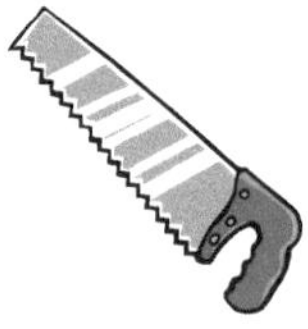

Sagi

пилка

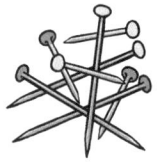

Negel

цвяхи

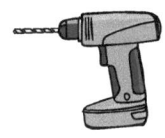

Bohrer

свердло

flicke

ремонтувати

Schufle

лопата

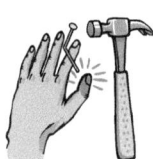

Mischt!

лайно!

Ascheschufle

совок

Farbchübel

відро з фарбою

Schruube

гвинти

Musiginstrumänt
музичні інструменти

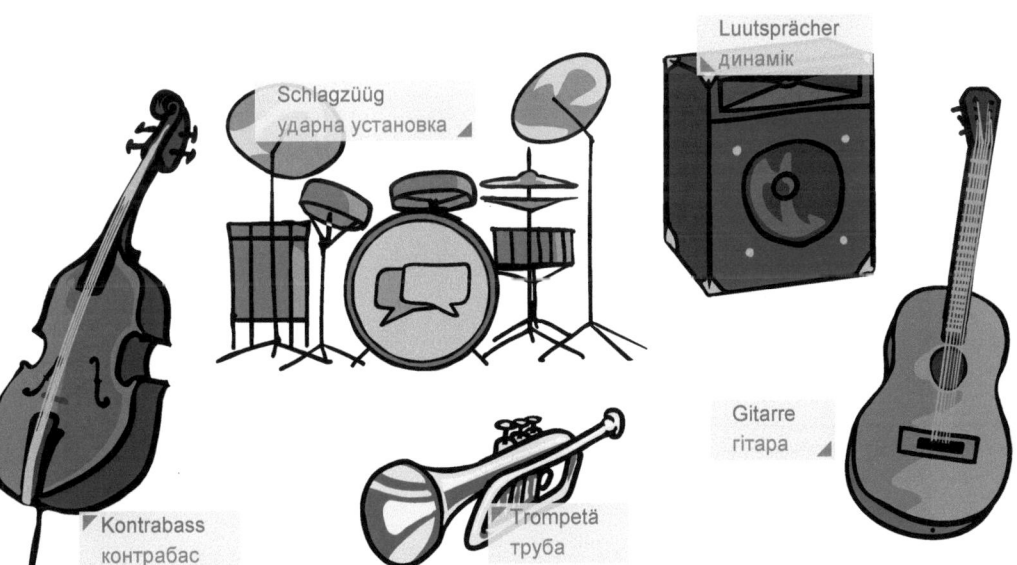

Luutsprächer
динамік

Schlagzüüg
ударна установка

Gitarre
гітара

Kontrabass
контрабас

Trompetä
труба

Klavier

фортепіано

Violine

скрипка

Bass

бас

Pauke

литаври

Trummle

барабан

Keyboard

клавіатура

Saxophon

саксофон

Flöte

флейта

Mikrofon

мікрофон

Zolli
зоопарк

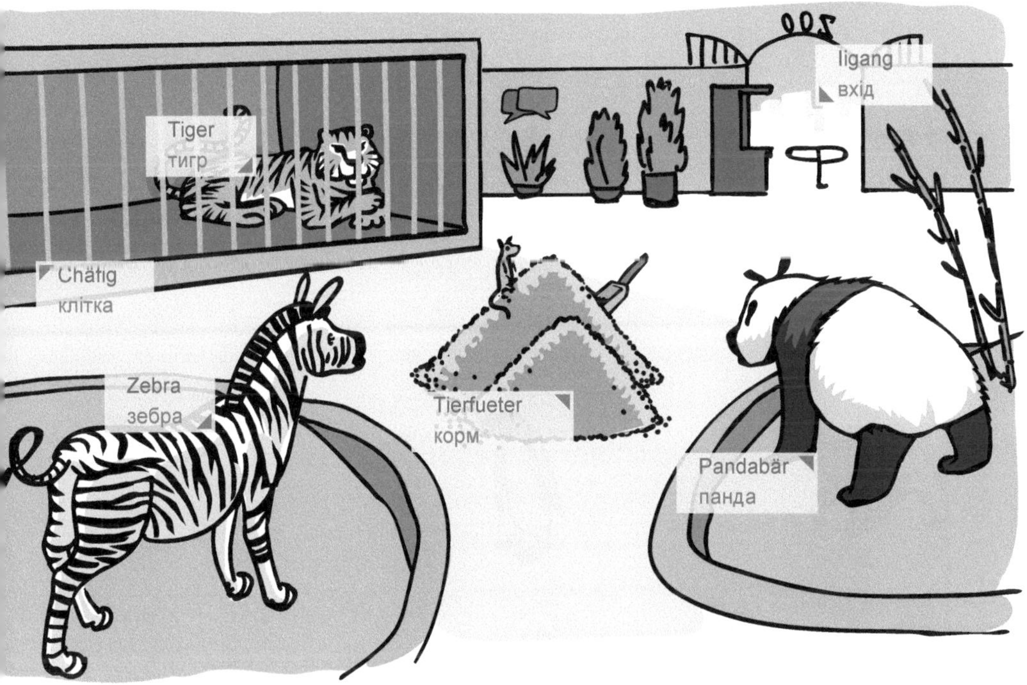

Iigang
вхід
Tiger
тигр
Chätig
клітка
Zebra
зебра
Tierfueter
корм
Pandabär
панда

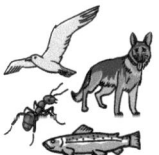

Tier
тварини

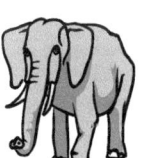

Elefant
слон

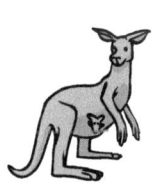

Känguru
кенгуру

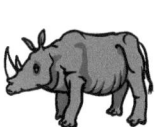

Nashorn
носоріг

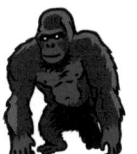

Gorilla
горила

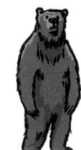

Bär
ведмідь

Kamel

верблюд

Struss

страус

Leu

лев

Aff

мавпа

Flamingo

фламінго

Papagei

папуга

Iisbär

білий ведмідь

Pinguin

пінгвін

Hai

акула

Pfau

павич

Schlangä

змія

Krokodil

крокодил

Zoowärter

працівник зоопарку

Robbä

тюлень

Jaguar

ягуар

Pony

поні

Leopard

леопард

Nilpfärd

гіпопотам

Giraff

жираф

Adler

орел

Wildschwein

кабан

Fisch

риба

Schildkrot

черепаха

Walross

морж

Fuchs

лисиця

Gazelle

газель

Sport
спорт

American Football
американський футбол

Velofahre
їзда на велосипеді

Tennis
теніс

Basketball
баскетбол

Schwümmä
плавання

Boxä
бокс

Iishockey
хокей

Fuessball
футбол

Badminton
бадмінтон

Liechtathletik
легка атлетика

Handball
гандбол

Skifahre
лижні перегони

Polo
поло

springä
стрибати

umarme
обіймати

lachä
сміятися

gah
йти

singe
співати

troime
мріяти

bätte
молитися

küssä
цілувати

schribe

писати

zeichne

малювати

zeige

показувати

schiebe

тиснути

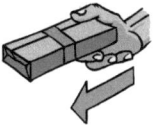

gäh

давати

näh

брати

händ

мати

mache

робити

sy

бути

stah

стояти

laufe

бігати

zieh

тягнути

rüerä

кидати

fallä

падати

ligge

лежати

warte

очікувати

träge

носити

sitze

сидіти

ahzieh

одягати

schlafe

спати

ufwache

просипатися

ahluege

дивитися

brüele

плакати

striichle

гладити

bürste

розчісувати

redä

розмовляти

verschtah

розуміти

froog

питати

lose

слухати

trinke

пити

ässe

їсти

ufruume

прибирати

liebe

любити

chochä

варити

fahre

їхати

flüge

літати

segle

йти під вітрилом

rächne

рахувати

läse

читати

leerä

вчитися

schaffe

працювати

hürate

одружуватися

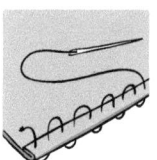

näije

шити

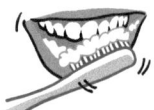

Zäh putze

чистити зуби

töte

убивати

schlootä

курити

sände

посилати

Familiä
сім'я

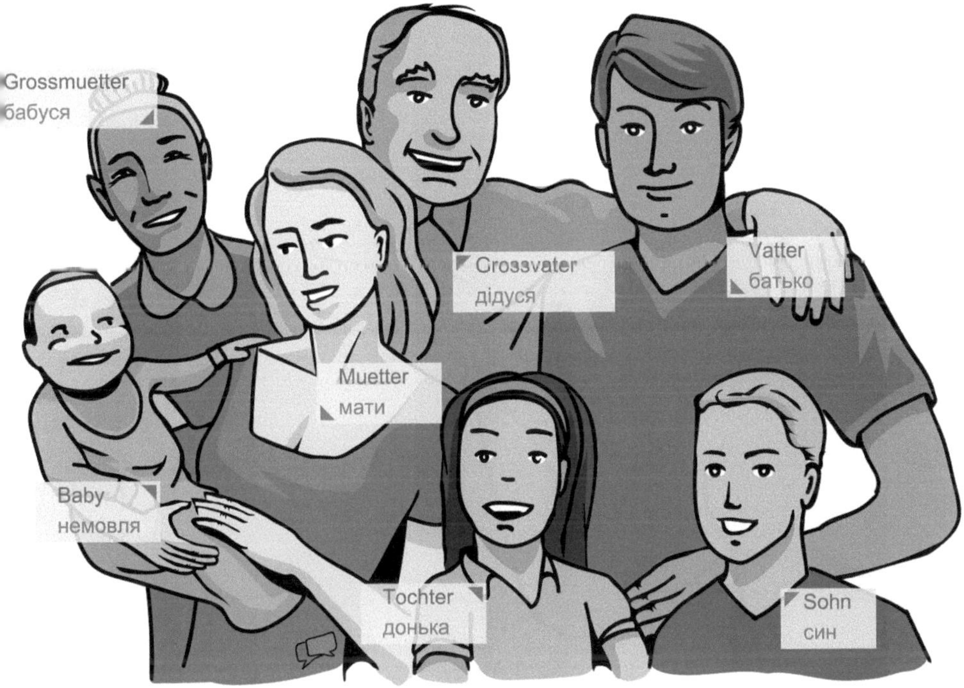
Grossmuetter
бабуся
Grossvater
дідуся
Vatter
батько
Muetter
мати
Baby
немовля
Tochter
донька
Sohn
син

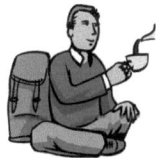

Gast

гість

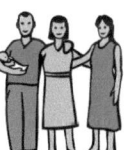

Tante

тітка

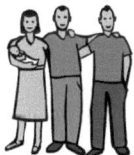

Unkel

дядько

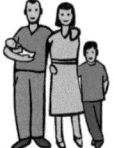

Brüeder

брат

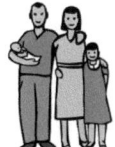

Schwöschter

сестра

Körpär

тіло

Stirn
чоло
Aug
око
Schultere
плече
Fingär
палець
Gsicht
обличчя
Chüni
підборіддя
Hand
кисть
Bruscht
груди
Bei
нога
Arm
рука

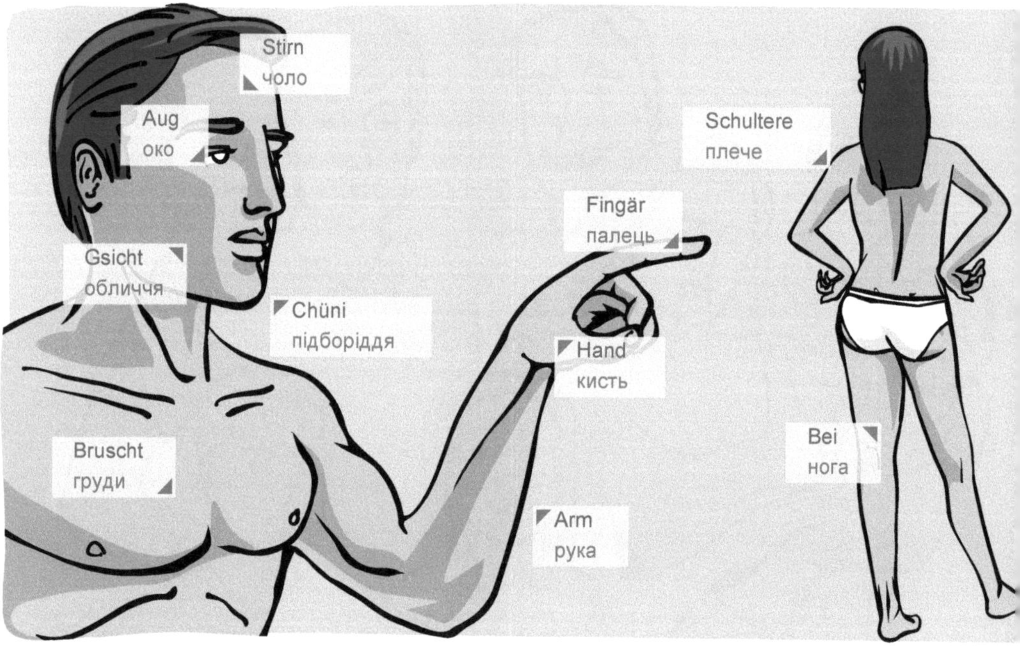

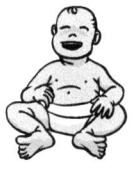

Baby

немовля

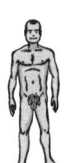

Mah

чоловік

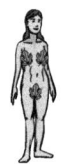

Frau

жінка

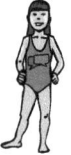

Meitli

дівчина

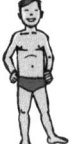

Bueb

хлопчик

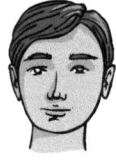

Chopf

голова

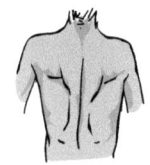

Ruggä

спина

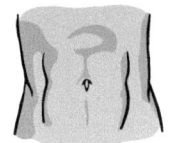

Buuch

живіт

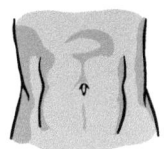

Buchnabel

пуп

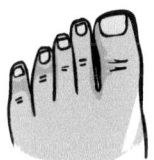

Zäche

палець ноги

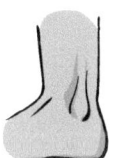

Fersä

п'ята

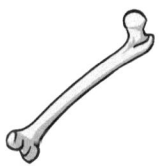

Knoche

кістка

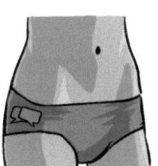

Hüfte

стегно

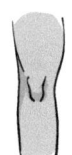

Chnü

коліно

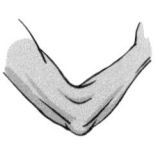

Ellbogä

лікоть

Nase

ніс

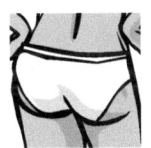

Füdli

сідниці

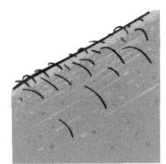

Hut

шкіра

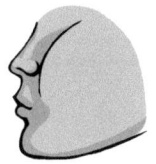

Bagge

щока

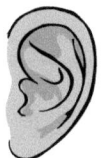

Ohr

вухо

Lippe

губа

Körpär - тіло

Muul

рот

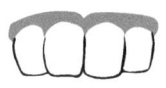

Zah

зуб

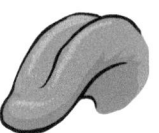

Zungä

язик

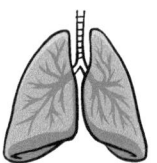

Hirni

мозок

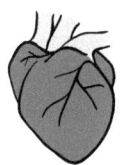

Härz

серце

Muskel

м'яз

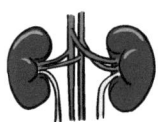

Lungä

легені

Läberä

печінка

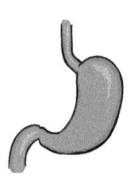

Magen

шлунок

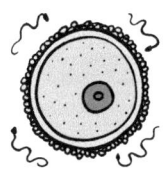

Nierä

нирки

Gschlächtsvrkehr

статевий акт

Kondom

презерватив

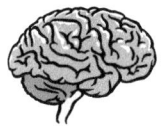

Eizälle

яйцеклітина

Soome

сперма

Schwangerschaft

вагітність

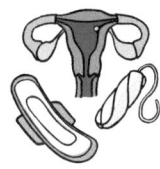

Menstruation

менструація

Vagina

вагіна

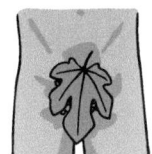

Penis

пеніс

Augebrauä

брова

Haar

волосся

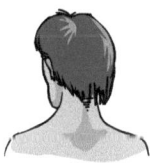

Hals

шия

Spital
лікарня

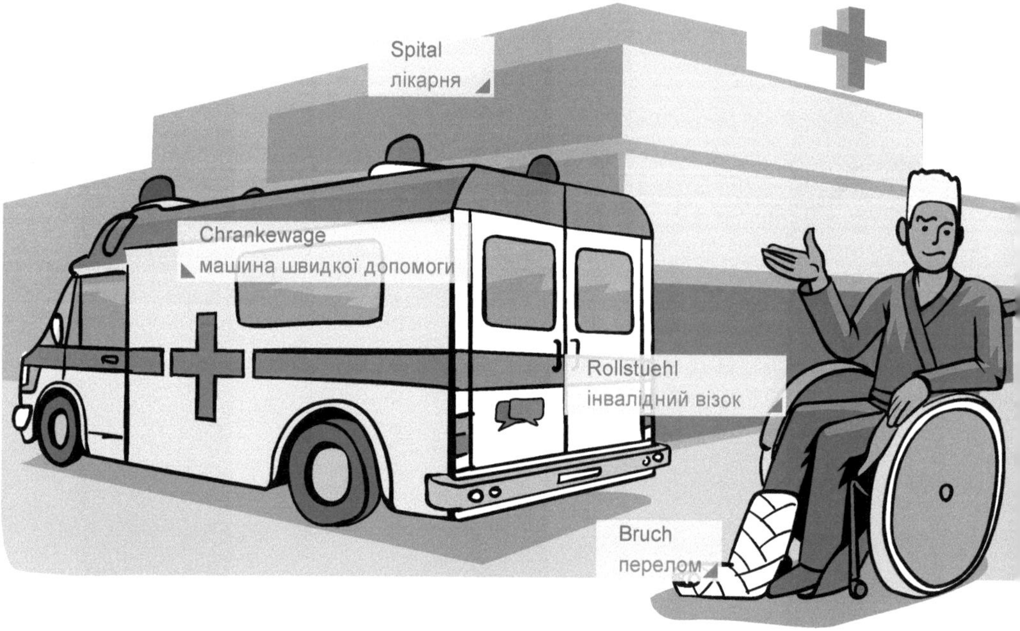

Spital
лікарня
Chrankewage
машина швидкої допомоги
Rollstuehl
інвалідний візок
Bruch
перелом

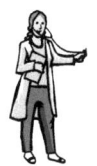

Arzt

лікар

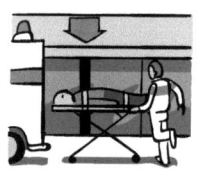

Notufnahm

відділення швидкої медичної допомоги

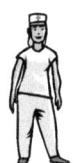

Chrankeschwöschter

медсестра

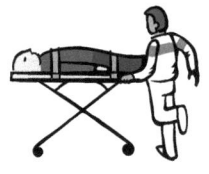

Notfall

аварійний випадок

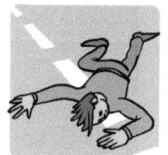

ohnmächtig

непритомний

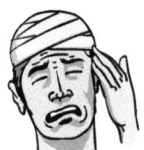

Schmärz

біль

Verletzig

травма

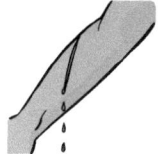

Bluätig

кровотеча

Härzinfarkt

інфаркт

Schlagahfall

інсульт

Allergie

алергія

Hueschtä

кашель

Fieber

лихоманка

Grippe

грип

Durchfall

пронос

Kopfschmärze

головна біль

Kräbs

рак

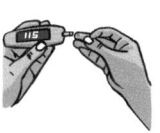

Diabetes

діабет

Chirurg

хірург

Skalpell

скальпель

Operation

операція

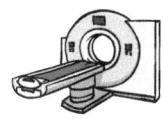

CT

КТ

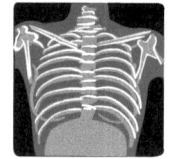

Röntgä

рентген

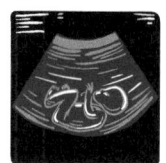

Ultraschall

ультразвук

Gsichtsmaske

маска

Krankhet

хвороба

Wartezimmer

зал очікування

Krückä

милиця

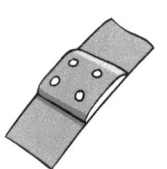

Pflaster

пластир

Vrband

пов'язка

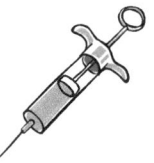

Injektion

ін'єкція

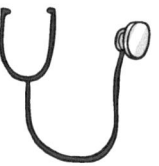

Stethoskop

стетоскоп

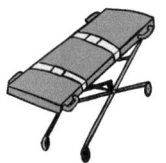

Trage

ноші

Thermometer

термометр

Geburt

народження

Übergwicht

надмірна вага

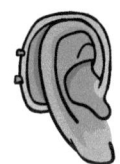

Hörgrät

слуховий апарат

Desinfektionsmittel

дезінфікуючий засіб

Infektion

інфекція

Virus

вірус

HIV / AIDS

ВІЛ / СНІД

Medizin

медицина

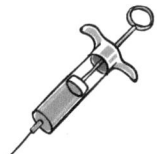

Impfig

вакцинація

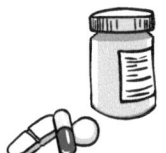

Tablette

таблетки

Pille

протизаплідна пігулка

Notruef

екстрений виклик

Bluetdruck-Mässgrät

тонометр

chrank / gsund

хворий / здоровий

Hiufe!	Alarm	Überfall
Допоможіть!	сигнал тривоги	напад

Ahgriff	Gfohr	Notuusgang
атака	небезпека	аварійний вихід

Füür!	Füürlöscher	Unfall
Вогонь!	вогнегасник	аварія

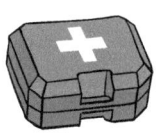Ersti-Hilf-Koffer	SOS	Polizei
аптечка	СОС	поліція

Europa

Європа

Nordamerika

Північна Америка

Südamerika

Південна Америка

Afrika

Африка

Asie

Азія

Auschtralie

Австралія

Atlantik

Атлантика

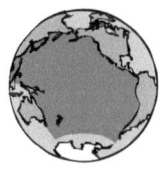

Pazifik

Тихий океан

Indische Ozean

Індійський океан

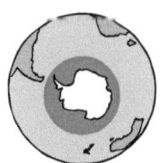

Antarktische Ozean

Антарктичний океан

Arktische Ozean

Північний Льодовитий океан

Nordpol

Північний полюс

Südpol

Південний полюс

Antarktis

Антарктика

Ärde

Земля

Land

суша

Meer

море

Inslä

острів

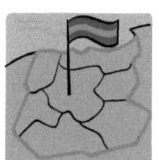

Nation

нація

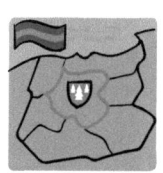

Staat

держава

Ziffereblatt

циферблат

Stundezeiger

годинникова стрілка

Minutezeiger

хвилинна стрілка

Sekundezeiger

секундна стрілка

Wie spaht isch es?

Котра година?

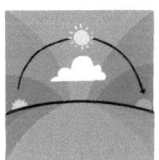

Tag

день

Zit

час

jetzt

зараз

Digitaluhr

цифровий годинник

Minute

хвилина

Stunde

година

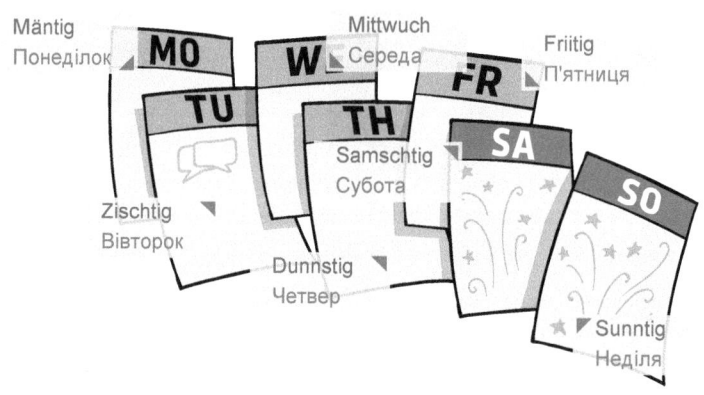

Mäntig
Понеділок

Mittwuch
Середа

Friitig
П'ятниця

Zischtig
Вівторок

Dunnstig
Четвер

Samschtig
Субота

Sunntig
Неділя

geschter

вчора

hüt

сьогодні

morn

завтра

Morgä

ранок

Mittag

опівдні

Aabig

вечір

Wärktag

робочі дні

Wuchenänd

кінець робочого тижня

Johr
рік

Rägeboge
веселка
Räge
дощ
Schnee
сніг
Wind
вітер
Früelig
весна
Herbscht
осінь
Summer
літо
Winter
зима

4.APRIL 11°
5.APRIL 4°
6.APRIL 13°
7.APRIL 8°
8.APRIL 10°

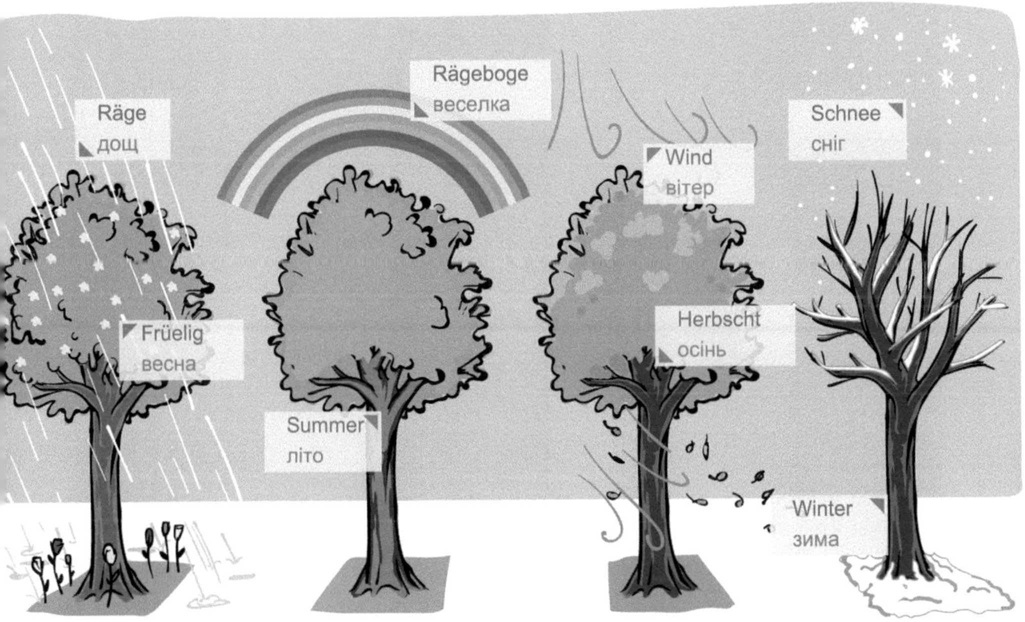

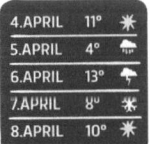

Wättervorhärsag

прогноз погоди

F C
120 40
90 30
60 20
30 10
0 0
-30 -10
-20

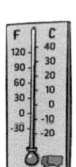

Thermometer

термометр

Sunneschiin

сонячне світло

Wolkä

хмара

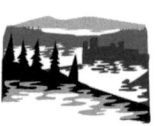

Näbel

туман

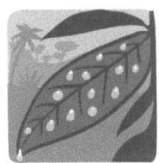

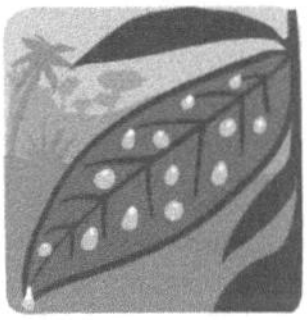

Fiechtigkeit

вологість повітря

Blitz

блискавка

Dunner

грім

Sturm

шторм

Hagel

град

Monsun

мусон

Fluet

повінь

Iis

лід

Januar

Січень

Februar

Лютий

März

Березень

April

Квітень

Mai

Травень

Juni

Червень

Juli

Липень

Auguscht

Серпень

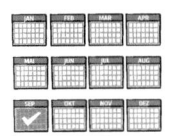

Septämber
....
Вересень

Oktober
....
Жовтень

Novämber
....
Листопад

Dezämber
....
Грудень

Forme

форми

Kreis
....
круг

Quadrat
....
квадрат

Rächteck
....
прямокутник

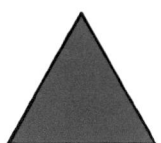

Dreieck
....
трикутник

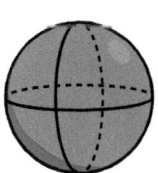

Chugele
....
куля

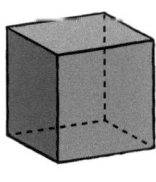

Würfel
....
куб

Farbä
фарби

wiss
білий

gäl
жовтий

orange
помаранчевий

pink
рожевий

rot
червоний

liila
фіолетовий

blau
синій

grüen
зелений

bruun
коричневий

grau
сірий

schwarz
чорний

viel / wenig

багато / мало

hässig / ruhig

лютий / мирний

hübsch / hässlich

гарний / бридкий

Ahfang / Ändi

початок / кінець

gross / chli

великий / малий

hell / dunkel

світлий / темний

Brüeder / Schwöschter

брат / сестра

suuber / dräckig

чистий / брудний

vollständig / unvollständig

завершений /
незавершений

Tag / Nacht

день / ніч

tot / läbig

мертвий / живий

breit / schmal

широкий / вузький

ässbar / nid ässbar

їстівний / неїстівний

bös / fründlich

злий / дружній

uffreggt / glangwilt

збуджений / нудьгуючий

dick / dünn

товстий / тонкий

zerscht / zletscht

спочатку / востаннє

Fründ / Find

друг / ворог

voll / läär

повний / порожній

hart / weich

жорсткий / м'який

schwer / liecht

важкий / легкий

Hunger / Durscht

голод / спрага

chrank / gsund

хворий / здоровий

illegal / legal

незаконний / законний

intelligänt / gatz

розумний / дурний

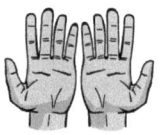

links / rächts

вліво / вправо

nöch / wiit weg

поруч / далеко

Gägeteil - протилежності

neu / bruucht

новий / використаний

nüt / öpis

нічого / щось

alt / jung

старий / молодий

ah / uss

вкл / викл

offe / zue

відкрито / закрито

lislig / luut

тихо / гучно

riich / arm

багатий / бідний

richtig / falsch

правильно / неправильно

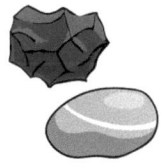

rau / glatt

шорсткий / гладкий

truurig / glücklich

сумний / щасливий

churz / lang

короткий / довгий

langsam / schnäll

повільно / швидко

nass / trochä

вологий / сухий

warm / chalt

гарячий / холодний

Chrieg / Friede

війна / мир

0	1	2
Null	eis	zwei
нуль	один	два

3	4	5
drü	vier	foif
три	чотири	п'ять

6	7	8
sächs	sibe	acht
шість	сім	вісім

9	10	11
nün	zäh	elf
дев'ять	десять	одинадцять

12

zwölf

дванадцять

13

drizäh

тринадцять

14

vierzäh

чотирнадцять

15

füfzäh

п'ятнадцять

16

sächzäh

шістнадцять

17

siebzäh

сімнадцять

18

achtzäh

вісімнадцять

19

nünzäh

дев'ятнадцять

20

zwänzg

двадцять

100

Hundert

сто

1.000

Tuusig

тисяча

1.000.000

Million

мільйон

Änglisch

англійська

Amerikanischs Änglisch

американська англійська

Chinesisch Mandarin

китайська
високочиновницька

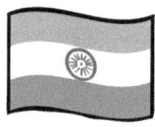

Hindi

хінді

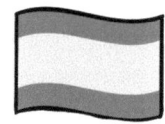

Spanisch

іспанська

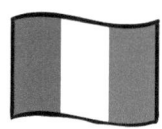

Französisch

французька

Arabisch

арабська

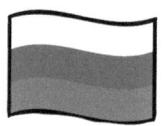

Russisch

російська

Portugiesisch

португальська

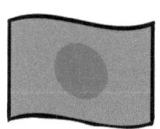

Bengalisch

бенгальська

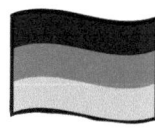

Dütsch

німецька

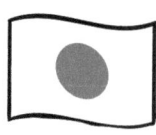

Japanisch

японська

ich
....
я

du
....
ти

är / sie / es
....
він / вона / воно

mir
....
ми

ihr
....
ви

sie
....
вони

wär?
....
хто?

was?
....
що?

wie?
....
як?

wo?
....
де?

wänn?
....
коли?

Name
....
ім'я

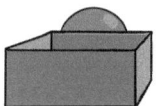

hinder

ззаду

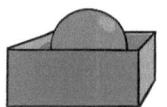

in

в

vor

перед

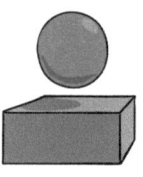

über

над

uf

на

under

під

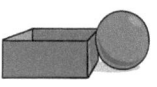

näbe

біля

zwüsche

між

Ort

місце